幼兒**品德發展**系列

關心家庭

麗絲·連濃　著
米高·巴克斯頓　繪

新雅文化事業有限公司
www.sunya.com.hk

幼兒品德發展系列
關心家庭

作　　者：麗絲·連濃（Liz Lennon）
插　　畫：米高·巴克斯頓（Michael Buxton）
翻　　譯：何思維
責任編輯：劉紀均
美術設計：劉麗萍
出　　版：新雅文化事業有限公司
　　　　　香港英皇道499號北角工業大廈18樓
　　　　　電話：(852) 2138 7998
　　　　　傳真：(852) 2597 4003
　　　　　網址：http://www.sunya.com.hk
　　　　　電郵：marketing@sunya.com.hk
發　　行：香港聯合書刊物流有限公司
　　　　　香港荃灣德士古道220-248號荃灣工業中心16樓
　　　　　電話：(852) 2150 2100
　　　　　傳真：(852) 2407 3062
　　　　　電郵：info@suplogistics.com.hk
印　　刷：中華商務彩色印刷有限公司
　　　　　香港新界大埔汀麗路36號
版　　次：二〇二一年四月初版

ISBN: 978-962-08-7730-8
Original Title: *I Care About My Family*
First published in Great Britain in 2020 by The Watts Publishing Group
Text and illustrations © The Watts Publishing Group, 2020
All rights reserved.
Franklin Watts, an imprint of Hachette Children's Group
Part of The Watts Publishing Group
Carmelite House
50 Victoria Embankment
London EC4Y 0DZ
An Hachette UK Company
www.hachette.co.uk
www.franklinwatts.co.uk

Traditional Chinese Edition © 2021 by Sun Ya Publications (HK) Ltd.
18/F, North Point Industrial Building, 499 King's Road, Hong Kong
Published in Hong Kong, China
Printed in China

目錄

我們的家庭

在一個家庭裏，家人會互相愛護、信任和關懷。有些孩子跟爸爸媽媽住在一起，有些只跟媽媽或爸爸同住，也有些跟祖父母或照顧者住在一起。每個家庭都不同，有的是大家庭，有的是小家庭。

親愛的家人

　　這是露娜的家庭樹。她有爸爸、媽媽、一個哥哥和一個妹妹，他們都住在一起。露娜還有祖父、祖母、外祖父、外祖母、舅父、舅母、姑母、姑丈和一個表弟，他們不是跟露娜住在一起。

你的家庭樹

你的家庭樹是怎樣的呢？
你可以畫出你的家人，又
或是用他們的照片來製作
一個家庭樹。

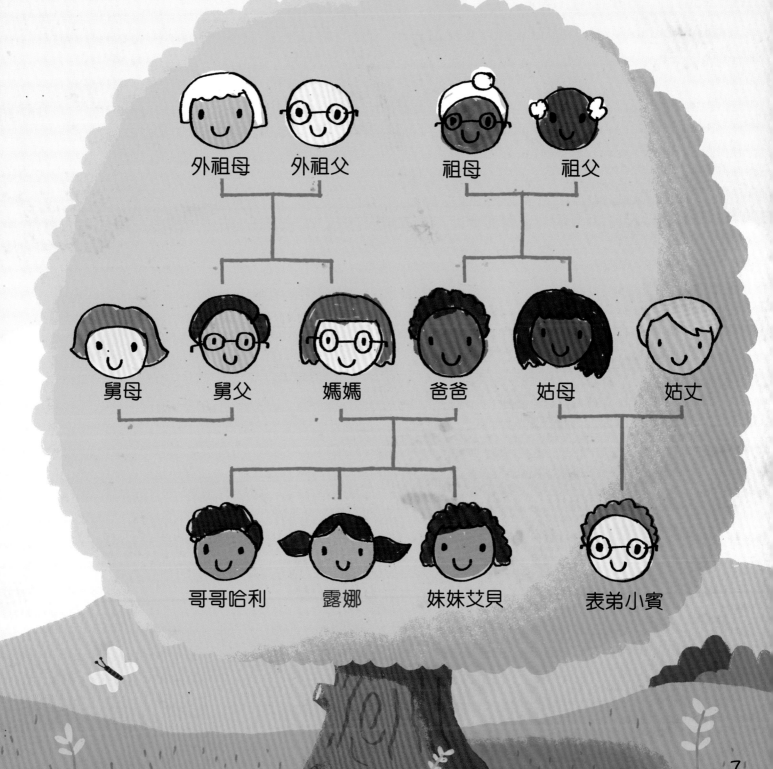

外祖母　外祖父　　　　祖母　　祖父

舅母　　舅父　　媽媽　　爸爸　　姑母　　姑丈

哥哥哈利　　露娜　　妹妹艾貝　　　　表弟小賓

關心家人

家庭最可貴之處就是家人之間互相關心。每個爸爸媽媽都希望自己的孩子能長大成快樂和有自信的人。這是一件很重要，卻絕不容易的事。就好像打理菜園一樣，需要花大量的時間和心思。

健康又快樂

爸爸媽媽或照顧者會在某些事情上對你較為嚴格，例如他們會要求你去刷牙、吃蔬菜或去睡覺。就算你心情不好，他們也要你做這些事。爸爸媽媽之所以這樣做，是因為他們在乎你，希望你健康快樂地成長。

9

快樂時光

家人通常都喜歡待在一起享受家庭樂。有些家庭喜歡到公園去或外出走走；有些家庭則喜歡一起玩遊戲。在特別的日子和假日裏，家人會一起耍樂，例如開派對或吃一頓特色美食大餐！

想一想

你跟家人一起時喜歡做什麼有趣的事呢？

日常生活

每個家庭成員都會分擔一些日常工作。有些工作可能不太有趣，好像是上班、買食物等。做家務也是其中一種日常工作，例如煮飯和打掃。有時這些工作也可能為你帶來樂趣！

想一想

當大人忙着做家務時，你可以怎樣幫忙呢？試想出不同的方法，然後試試看！

13

愛意和關懷

來！我們每天也向家人表達愛意和關懷吧！這裏有些方法，讓你向家人表達你的愛。

一起做
美味大餐！

來抱抱！

一起
看故事！

想一想

你的家庭裏，誰會做這些事？
你怎樣對你的家人表達關懷？

照顧你的人

照顧孩子的人真的很忙很忙啊！他們既要照顧孩子，也要照顧自己，有時還要照顧身邊的人，例如父母、朋友等。他們都是超級英雄啊！

有時候，照顧你的人還要上班。他們需要賺錢來支付家裏必要的開支，例如住屋的費用和吃的食物。

想一想

你的爸爸媽媽或照顧者需要上班嗎？
在白天是誰照顧你呢？

兄弟姊妹

　　有些孩子有兄弟姊妹，他們會是你最好的朋友或最大的敵人，他們有時會跟你很親密，有時會跟你爭東西！你可能要跟他們分享房間或物品，例如故事書、玩具等。他們甚至會分享你家人對你的愛，這也許是令你最難受的地方。

　　有時候，我們多麼想把東西據為己有。但我們也要學習跟別人分享，即使那是不容易的事呢！

想一想

你跟兄弟姊妹相處得怎樣？
你想到哪些方法，可以令你
較容易跟他們分享？

吵架了

每個家庭成員也有生氣的時候，不論是你的爸爸媽媽或照顧者都一樣。爸爸媽媽可能在趕着上班時會生氣；又或是工作忙碌了一整天，他們都已經很疲累了，卻看到你的房間一片混亂！而你也會有生氣的時候呢！當我們生氣時，身體裏就好像有一隻脾氣暴躁的怪獸！

試一試

下次當你的爸爸媽媽生氣時，嘗試想想他們和自己的感受。
你們的感受有什麼不同呢？你們可怎樣互相體諒？

和好如初

　　當我們和家人吵架時，擁抱及和好就是表示我們在乎對方的最佳方法。可是，生氣時要跟別人和好不是一件容易的事，你可以嘗試先冷靜下來，深呼吸，慢慢從一數到十。

　　要是我們做錯了，向人道歉也是有幫助的。道歉表明你知道自己做了錯事。同時你也要提醒自己，不要再犯同樣的錯！

遠方的家人

有時候，我們不是跟家人住在一起，跟你分開住的可能是爸爸、媽媽、祖父母或外祖父母。雖然你們不是住在一起，但你還是可以對他們表達關心。你可以用電話跟他們聊天，或是自己製作心意卡寄給他們。這樣做，對方就會知道我們在乎他們，也很想念他們。

家庭的轉變

家庭的狀況總是在改變。隨着孩子成長和學習不同的事物，改變就會隨之而來。有時候，家庭會出現一些大變化，例如添了弟妹。有些改變也許會令你感到十分難過和悲傷，例如父母離婚或是祖父母去世。

如果你對家庭的突變感到難過或擔心，不妨跟一個值得信任的大人說說你的感受。告訴別人你的感受，有助他們理解及幫助你。請記住，像是父母離婚這些事情絕對不是你的錯。

家庭大不同

每個家庭都不一樣，各自也有不同的處事方式。對某些家庭來說，宗教信仰是他們生活中十分重要的部分；有些家庭雖然沒有信仰，但也喜歡一起過節。

想一想

要是每個人也一模一樣，世界不是會很無聊嗎？你可以嘗試了解其他家庭會一起做的事。請記住，儘管別人的處事方式跟你不同，你也必須尊重別人。

請好好記住

- 世上有各種各樣的家庭。有些人有兄弟姊妹，有些人是獨生的。有些人則有爸爸和媽媽。

- 家人有一起耍樂的時候，也有一起做家務和處理重要事情的時候。

- 你跟家人住在一起，就要跟他們分享東西。

- 每個家庭的做事方式也不一樣。

- 表達關懷的方法有很多，例如擁抱。

- 有時家人之間會發生爭執，道歉是修補關係的好方法。

中英常用詞語

信心 confident　　　　　對自己感到滿足，樂於嘗試新事物

家務 chore　　　　　　　家中瑣碎的工作，例如洗衣服

家庭樹 family tree　　　用來表示家庭成員關係的方式，例如父母和祖父母

離婚 split up　　　　　　當一對夫婦決定不再一起生活

值得信任的大人　　　　　能夠分享你煩惱的人，例如
trusted adult　　　　　父母、親友或老師

中英對照索引